EDICT DV ROY,

PORTANT QV'IL SERA MIS

& eſtably en toutes les Officialitez & Iuriſdictions Eccleſiaſtiques de ce Royaume des Aduocats & Procureurs pour ſa Maieſté, & que les Greffiers des inſinuations des actes & expeditions Eccleſiaſtiques exerceront leſdites charges ſuiuant les Edicts de leur eſtabliſſement des années 1553. & 1595. Enſemble la creation en tiltre d'Office formé & heredité, en chacune Ville & lieu Capital des Diocezes de ce Royaume d'vn Conſeiller de ſa Maieſté, garde ſcel des actes & expeditions Eccleſiaſtiques.

Regiſtré au grand Conſeil le 28. iour de Septembre 1639.

A PARIS,

Par PIERRE ROCOLET, Imp. & Lib. ordinaire du Roy. Au Palais, Aux armes du Roy, & de la Ville.

M. DC. XXXIX.

Auec Priuilege de ſa Maieſté.

LOVIS par la grace de Dieu, Roy. de France & de Nauarre; A tous preſens & à venir; Salut. Les Rois nos predeceſſeurs ayans receu pluſieurs plaintes des vexatiõs que commettoient les Iuges Eccleſiaſtiques par les entrepriſes ordinaires qu'ils faiſoient ſur les Iuges Royaux, auroient pour y remedier ordonné qu'il ſeroſt eſtably en toutes les Officialitez & Iuriſdictions Eccleſiaſtiques des Aduocats & Procureurs pour eux, pour ouïr les matieres qu'on y traitteroit, & que les Greffiers & Procureurs d'icelles leur communiqueroient leurs papiers & regiſtres pour faire ordonner le renuoy des cauſes qui ne ſeroient de leur connoiſſance, & empeſcher le cours deſdites entrepriſes. Et ſur

A

ce que plusieurs autres plaintes leur auroient aussi esté faites des abus, fraudes,
falcifications qui se commettoient en
l'expedition des actes concernants les
matieres beneficialles & Ecclesiastiques,
ils auroient pour y obuier estably des
Greffes des insinuations dans toutes lesdites Iurisdictions Ecclesiastiques. Ce
qui auroit esté iugé tellement necessaire,
qu'à la requeste & supplication de plusieurs Archeuesques, Euesques, & autres
Prelats de ce Royaume. Le Roy Henry
second par Edict du mois de Mars 1553.
Leur auroit permis d'establir par prouision & iusques à ce qu'autrement en fust
ordonné en chacun de leurs Diocezes vn
ou plusieurs Greffiers d'insinuation pour
faire & tenir bon & fidel registre de toutes les Collations, Prouisions, & autres
tiltres & pieces qui sont faites & expediées, tant par nostre Saint Pere le Pape,
que par les Collateurs ordinaires , Pa-
trons Ecclesiastiques & Laiz, exempts &
non exempts, pour estre par lesdits Greffiers insinuez , transcripts & registrez
dans le temps & en la forme prescripte

& ordonnée par ledit Edict, depuis lequel temps le feu Roy Henry le Grand noſtre tres-honnoré Seigneur & Pere, ayant recognu que l'eſtabliſſement deſdites charges qui auoient eſté delaiſſé au ſoing & vigilance deſdits Archeueſques & Eueſques auoit eſté par eux negligé, & que de cette nonchalance ceux qui auoient eſté eſtablis auſdits Greffes auroient introduits de plus grands abus, confuſions & deſordres au fait deſdites inſinuations, que ceux auſquels on auoit voulu obuier: pour les empeſcher & retrancher, Et attendu que la creation de tous Offices publiqs eſt & deſpend de cette Couronne, & que l'eſtabliſſement deſdits Offices n'auoit eſté delaiſſé auſdits Archeueſques & Eueſques qu'en attendant qu'il en fuſt autrement ordonné, auroit par ſon Edict du mois de Iuin 1595. Veriffié en noſtre Parlement de Paris le 4. Aouſt audit an, creé & erigé en tiltre d'Offices Royaux, Seculliers & domaniaux leſdits Greffes des inſinuations pour y eſtre pourueu de perſonnes ſuffiſantes & capables, & ſur ce qu'il eſtoit iournellement fait plainte des fautes qui ſe commettoient en l'expedition des lettres de Tonſure, Preſtriſes, & autres ordres qui s'expedient par les Secretaires des Archeueſques & Eueſques qui ne tenoient aucuns regiſtres, où s'ils en faiſoient ils les negligeoient de telle ſorte qu'ils eſtoient ordinairement perdus ou eſgarez au grand preiudice des particuliers qui ne pouuoient recouurer leſdites lettres lors qu'ils en auoient beſoing. Ioint que leſdits Secretaires pouuans eſtre changez, & n'ayans ſerment à Iuſtice pouuoient commettre pluſieurs abus en l'expedition deſdites lettres. Il auroit ordonné par ledit Edict que leſdites lettres de Tonſure, Preſtriſes & Ordres qui ſeroient conferez en chacun deſdits Diocezes ſeroient inſinuez par leſdits Greffiers des inſinuations Eccleſiaſtiques, duquel Edict le publicq a receu vn tel benefice, que les abus, deguiſemens & falſifications qui ſe commettoient auparauant ont eſté grandement retranchez, & pourroient tout a fait ceſſer ſi en ſuitte & execution dudit Edict,

& à l'inſtar des Iuſtices & Iuriſdictions
ſecullieres, ou leſdits abus, deſguiſemens
& falcifications ont entierement ceſſé
depuis la creation & eſtabliſſement des
Offices de gardes de nos petits ſceaux en
icelles, il nous plaiſoit faire vn pareil
eſtabliſſement ſur les Collations, Viſa,
prouiſions, expeditions beneficialles, &
autres matieres generallement quelconques deſpendans deſdits Archeueſques,
Eueſques, leurs grands Vicaires, Archidiacres, & de la Iuriſdiction ſpirituelle
de l'Egliſe, eſtant certain que l'eſtabliſſement dudit ſcéel retranchera entierement le cours deſdites fraudes, abus &
fauſſetez, & que l'appoſition du ſcéel de
nos armes authoriſera dauantage leſdites lettres, prouiſions, actes & expeditions Eccleſiaſtiques: Ioint auſſi que par
ce moyen nous pourrons tirer quelque
ſecours en la neceſſité preſente des affaires de la guerre. Sçauoir faiſons qu'a-
pres auoir fait veoir & examiner cette
affaire dans noſtre Conſeil, auquel eſtoient pluſieurs Princes & Seigneurs, &
autres grands & notables perſonnages

de ce Royaume. De noſtre certaine
ſcience, plaine puiſſance & authorité
Royalle, & comme vray & legitime
conſeruateur, gardien, deffenſeur &
protecteur de l'Egliſe Gallicane. Auons
dit, ſtatué, voulu & ordonné: Diſons,
ſtatuons, ordonnons, voulons & nous
plaiſt que ſuiuant & conformement aux
Edicts & Ordonnances deſdits Rois nos
predeceſſeurs des années 1485. 1535. &
1540. Il ſoit mis & eſtably en toutes les
Officialitez & Iuriſdictions Eccleſiaſtiques de ce Royaume, des Aduocats &
Procureurs pour nous, pour ouyr les matieres qui s'y traitteront, & tenir la main
à l'execution de noſdites Ordonnances,
& que les Edicts auſſi faits ſur l'eſtabliſſement des Greffes des inſinuations des
actes & expeditions Eccleſiaſtiques des
années 1553. & 1595. ſoient executez ſelon leur forme & teneur. Et en ce faiſant
que toutes lettres de Tonſure, Preſtriſe,
& autres Ordres, Actes, collations, prouiſions & expeditions Beneficialles, &
autres matieres generallement quelconques, deſpendans de la Iuriſdiction Spirituelle

rituelle de l'Eglise qui sont expediées
par les Secretaires, Greffiers & autres
Officiers des Archeuesques, Euesques,
Prelats, grands Vicaires, & autres personnes ayant droict de collation & prouision ausdits benefices, sans aucune en
excepter, soient insinuées & enregistrées
ausdits Greffes des insinuations Ecclesiastiques, selon ainsi & en la forme prescripte par lesdits Edicts. Et pour retrancher à l'aduenir les desordres du passé, &
faire cesser tous les abus, desguisemens
& falcifications qui se peuuent commettre esdits actes, & en l'estat & Iurisdiction de l'Eglise Gallicane. AVONS par
cettuy nostre Edict perpetuel & irreuo-
cable creé, erigé, & estably, creons, eri-
geons & establissons en tiltre d'Office
formé, Royal, seculier & hereditaire en
chacune Ville & lieu capital des Dioce-
ses de ce Royaume vn nostre Conseiller
garde sel desdits actes & expeditions
Ecclesiastiques pour y estre par nous
presentement & d'oresnauant pourueu
en heredité de personnes suffisantes &
capables qui le puissent tenir & exercer

B

aux honneurs, prerogatiues, franchiſes,
droicts, profits & eſmolumens cy-apres:
Et en iouyr, enſemble leur veuſues &
heritiers audit tiltre d'heredité, ſans que
pour ce leſdites Offices puiſſent eſtre tenus ny reputez domaniaux, par lequel
noſtre Conſeiller & garde de noſtre petit ſel, Nous voulons que toutes leſdites
lettres de Tonſure, Preſtriſes & autres
Ordres, Actes, Collations, Prouiſions,
expeditions beneficialles & autres matieres generallement quelconques deſpendans de la Iuriſdiction ſpirituelle de
l'Egliſe, qui ſeront expediées par leſdits
Secretaires, Greffiers, & autres Officiers
des Archeueſques, Eueſques, Prelats,
Grands Vicaires, & autres perſonnes
ayans droit de prouiſion & collation aux
benefices ſans aucune d'icelles excepter,
ſoient d'oreſnauant contre-ſcellées du
petit ſéel de nos Armes, deſquels ledit
garde ſéel tiendra bon & fidel regiſtre,
contenant en ſommaire le ſuiect de chacun deſdits actes & expeditions, ſur leſ-
quelles il fera métion du iour de l'appoſition dudit ſcellé, lequel nous voulons

eſtre mis & appoſé au pluſtard dans la huictaine apres quelles auront eſté inſinuées & enregiſtrées par le Greffier des inſinuations Eccleſiaſtiques. Et à cette fin nous voulons que par cy-apres tous leſdits Secretaires, Greffiers & Officiers deſdits Archeueſques, Eueſques, Prelats, grands Vicaires, Archidiacres & autres perſonnes ayans droict de Collation & preſentation auſdits benefices ſoient tenus de mettre par tout leſdits actes, lettres & expeditions qu'ils deliureront, que ce ſera à la charge de ladite inſinuation, enregiſtrement & contreſcel, ſuiuant leſdits Edicts des années 1553. & 1595. & le preſent, à peine de nullité d'icelles. Et à faute de ce faire & ou aucunes d'icelles n'auroient eſté inſinuées & enregiſtrées par les Greffiers des inſinuations, & contreſcellées par noſtredit Conſeiller & garde ſéel, ſelon, en la forme & dans le temps preſcript par leſdits Edicts & le preſent. Nous auons declaré & declarons par ces preſentes tous leſdits actes & expeditions nulles, de nul effet & valeur. Fait & fai-

B ij

ſons deffences aux parties de s'en ayder
à peine de mil liures d'amende, & à nos
Iuges d'y auoir aucun eſgard à peine de
nullité de leurs iugemens: Comme auſſi
voulons & ordonnons que tous Iugemens & Sentences qui feront données
tant és Officialitez deſdits Archeueſques, Eueſques, & autres dignitez ayant
droit de Iuriſdiction, que és Chambres
Eccleſiaſtiques, foient contre-ſcellées
par noſtredit garde ſéel fuiuant l'ordre
fufdit. Faiſant deffences à toutes perſonnes de s'ayder deſdits Iugemens &
Sentences s'ils ne font contreſcellées à
peine de nullité de procedure, deſpens,
dommages & intereſts des parties. Et à
tous Huiſſiers, Sergens & Apariteurs de
les mettre à execution à peine de ſuſpention de leurs charges & de mil liures d'a-
mende enuers nous. Et pour donner
moyen à ceux qui ſerót pourueus deſdites charges de nos Conſeillers & gardes
de noſtre ſéel de s'en acquiter dignemét
& les exercer auec honneur. Nous leur
auons attribué & attribuons par ces preſentes pour le droict de contreſéel deſ-

dits Iugemens & Sentences, & de chacune defdites lettres de Tonfure, Preftrife, & autres Ordres, collations, prouifions, expeditions beneficialles, & autres matieres defpendans de la Iurifdiction Ecclefiaftique fans aucunes en re-
feruer pareil & femblable droict que celuy qui eft deub,& fe paye aufdits Secretaires, Greffiers & Officiers defdits Archeuefques, Euefques, grands Vicaires,
& autres perfonnes ayant droict de Collation & Prouifion aufdits benefices
pour le féel de chacune expedition defdites lettres & autres actes,le tout neantmoins fans defroger ny preiudicier aux
droicts defdits Archeuefques, Euefques,
Prelats, grands Vicaires, & autres perfonnes ayans droict de Collation & prouifion aufdits benefices, ny aucunement
diminuër les droicts qu'ils & leurfdits
Secretaires, Greffiers , & Officiers ont
droict & accouftumé de prendre pour
lefdites expeditions: Et affin que le droit
dudit contreféel foit certain & ne puiffe
eftre pris & exigé plus que ce qui fera ve-
ritablement deub , Nous voulons que

lefdits Secretaires , Greffiers , & autres Officiers defdits Archeuefques , Euefques, Prelats, grands Vicaires , & autres par eux commis pour l'expedition defdites Lettres, actes & pieces cy - deffus foient tenus de bailler à noftredit Conseiller, garde féel dans vn mois apres la publication du prefent Edict vn eftat veritable, & par eux certifié du droict qu'ils prennent pour chacune nature defdites expeditions: Et outre nous voulons que nofdits Confeillers , gardes féel iouyffent de l'exemption de toutes tailles , & foient exempts de tutelles , curatelles, guet & gardes, logemens de gens de guerre , & autres charges publiques, & qu'ils iouyffent des mefmes honneurs , prerogatiues, rang, & fceances en toutes affemblées, que nos Confeillers & gardes de nos fceaux és Chancelleries Prefidialles, & Immediatement apres eux & nos autres Confeillers és Prefidiaux, pardeuant lefquels nous voulons qu'ils foient tenus fe faire receuoir & prefter le ferment: Et afin que nous puiffions tirer le fecours que nous nous

fommes promis de la creation & efta-
bliffemenʒ defdits Offices, en attendant
qu'il y foit par nous pourueu. Nous voulons que ceux que nous y cõmettrons en
facent cependant les fonctions & reçoi-
uent les droicts cy-deffus attribuez, lefquels nous voulons eftre dés à prefent
payez par ceux qui pourfuiuent lefdites
expeditions, & qu'il foit receu par les
Secretaires & Greffiers defdits Archeuefques, Euefques, Prelats, & autres perfonnes ayans droict de Collation & prouifion aufdits benefices, lefquels ou l'vn
deux felon l'ordre & commandement
qui leur en fera fait & donné. Nous
auons dés à prefent & iufques à ce qu'il
ait efté pourueu & cõmis aufdites charges de garde féel. Chargez & chargeons
par ces prefentes d'en faire la recepte: Et
à eux fait inhibitions & deffences de de-
liurer aucunes des expeditions cy-deffus, fans fe faire payer, & receuoir les
droicts que nous auons attribuez à noftredit Confeiller garde féel, à peine
d'en refpondre en leurs propres & priuez noms, & de cinq cens liures d'amen-

dé, dont & de tout ils tiendront bon &
fidel regiftre pour en rendre compte par
vn bref eftat, à qui par nous en noftre
Confeil il fera ordonné; Sur lequel leur
fera pourueu pour leur droict de recepte
ainfi qu'il appartiendra. Et d'autant que
lefdites charges de nos Aduocats & Procureurs dans lefdites Officialitez,& defdits Greffiers des infinuations Ecclefiaftiques n'ont efté leuées en plufieurs defdits Diocezes, pour auoir efté créez fans
gaiges au grand preiudice de nos droits,
& de ceux des particuliers, Voulans y
pouruoir & donner moyen à ceux qui en
feront par nous pourueus d'en faire les
functions, & y fubfifter auec honneur.
Nous leur auons attribué & attribuons
par cettuy noftre prefent Edict iufqu'à la
fomme de cinquante mil liures de gages
par chacun an, dont leur fera fait fonds
dans les Eftats des Prefidiaux qui leur
fera payé par les mains des Receueurs,
Payeurs d'iceux à la maniere accouftu-
mée, fuiuant l'eftat de diftribution qui
en fera fait en nous payant pour cét effet
les fommes efquelles ils feront modere-
ment

ment taxez en noftredit Confeil. SI
DONNONS EN MANDE-
MENT à nos amez & feaux les gens
tenans noftre grand Confeil, Chambres des Comptes, & Cour des Aydes,
Baillifs, Senefchaux, Prefidiaux, Pre-
uofts, leurs Lieutenans, & tous autres
nos Officiers que ces prefentes ils facent
lire, publier, & enregiftrer: Et le contenu
en icelles garder & obferuer chacun en
droict foy, inuiolablement & de point
en point, ceffant & faifant ceffer tous
troubles, & empefchemens au contrai-
re, Nonobftans tous Edicts, Declara-
tions, Arrefts, Reglemens, & autres lettres à ce contraires: Aufquels nous auós
defrogé & defrogeons par ces prefentes,
& à la defrogatoire des defrogatoires y
contenuës, nonobftant auffi oppofitions
ou appellations quelconques, pour lefquelles & fans preiudice d'icelles ne
voulons eftre differé, dont fi aucune in-
teruenoit, nous nous en referuons & à
noftre Confeil la connoiffance. Et en cas
qu'il furuienne aucuns procés ou diffe-
rends fur l'execution ou contrauention

C

du prefent Edict, nous en auons attribué
toute Cour, Iurifdiction & cônoiffance à
noftredit grâd Confeil, & icelle interdi-
te & deffenduë à toutes nos autres Cours
& Iuges; CAR tel eft noftre plaifir. Et
d'autant que du prefent Edict on pourra
auoir befoing en plufieurs & diuers
endroicts. Nous voulons qu'aux copies
deuëment collationnées par l'vn de nos
amez & feaux Confeillers & Secretaires
foit foit adioufté comme au prefent ori-
ginal: Auquel afin que ce foit chofe fer-
me & ftable à toufiours, nous auons fait
mettre & appofer noftre féel , fauf en
autre chofe noftre droict & l'autruy en
toutes. Donné à Saint Germain en Laye
au mois de May, l'an de grace mil fix
cens trente-neuf. Et de noftre regne le
trentiefme. Signé, LOVIS. Et plus bas,
Par le Roy, DE LOMENIE. Et fcellé du
grand fceau de ciré verte, fur lacqs de
foye rouge & verte. Et plus bas,

*Enregiftré és Regiftres du grand
Confeil du Roy fuiuant les Lettres de
Iuffion du 18. Septembre, & aux mo-*

difications portees par l'Arrest donné en iceluy, à Paris le 28. iour de Septembre mil six cens trente-neuf.

Signé, COLLIER.

Extraict des Registres du grand Conseil du Roy.

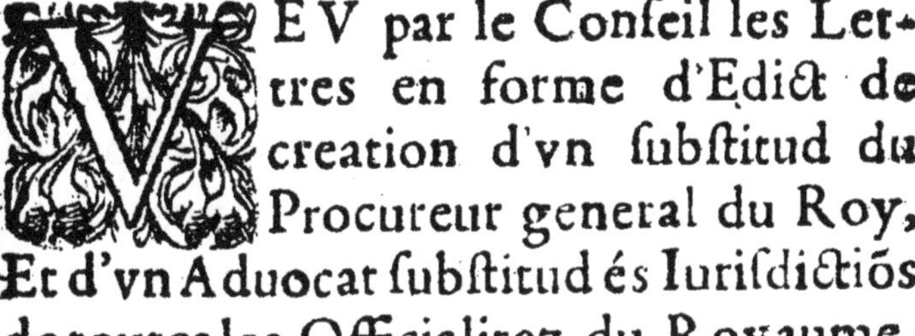

V EV par le Conseil les Lettres en forme d'Edict de creation d'vn substitud du Procureur general du Roy, Et d'vn Aduocat substitud és Iurisdictiós de toutes les Officialitez du Royaume, de restablissement des Greffes des insinuations & renouuellement des droicts desdits Greffes , que toutes Lettres de Tonsure , Prestrise , & autres Ordres, actes & collations, prouisions & expeditions beneficialles, & autre nature generallement quelconques dependant de la Iurisdiction spirituelle de l'Eglise, qui sont expediées par les Secretaires, Greffiers , & autres Officiers des Archeues-

ques, Euefques, Prelats & grands Vicaires, & autres perfonnes ayant droiĉt de
collation & prouifion aufdits benefices
foient infinuées aufdits Greffes : Et de
creation & eftabliffement en cette forme d'vn Confeiller garde féel hereditaire & feculier en chacune Ville & lieu capital des Diocezes pour appofer le fcel
Royal à toutes les expeditions , collations & prouifions des benefices, & toutes expeditions generallement quelsconques, Lettres de Tonfure, Preftrife,
& autres Ordres,& tous aĉtes & expeditions generalement quelsconques , defpendans de la Iurifdiĉtion fpirituelle &
Ecclefiaftique, expediées par les Secretaires des Archeuefques, Euefques, Ab-
bez, Chapitres, Prieurs, & autres ayant
droiĉt de Collation & prouifion de Benefices , pour eftre fcellez au pluftard
dans huiĉtaine ; Defquelles ledit garde
fcel tiendra bon & fidel regiftre, contenant le fommaire & le fuiet de chacun
defdits aĉtes & expeditions. Et que les
Secretaires & Greffiers des Collateurs
mettront en tous lefdits aĉtes qu'ils def-

liureront, que ce fera à la charge de l'in-
finuation, enregiftrement & contrefeel,
Autrement tous lefdits actes feront tenus de nul effet & valeur: Deffences aux
parties de s'en ayder, à peine de mil liures d'amende, & aux Iuges d'y auoir
aucun efgard, à peine de nullité de leurs
Iugements, Que toutes les Sentences
qui feront donnees tant és Officialitez,
Chambres Ecclefiaftiques, que par autres, ayans droict de Iurifdiction feront
contrefcellées fur les mefmes peines de
nullité, dommages & interefts des parties : Et deffences à tous Huïffiers, Sergens & Apariteurs de les mettre à execution fi elles n'ont efté contrefcellées,
& autres droicts attribuez audit garde-
fcel du mois de May fix cens trente-
neuf. Acte d'oppofition mis au Greffe
dudit Confeil par les Agents & deputez
generaux du Clergé de France, datté du
douziefme Aouft audit an Conclufions
du Procureur general du Roy. Le Conseil a ordonné & ordonne, Que lefdites Lettres d'Edict & Declaration du
Roy feront enregiftrées és regiftres du-

dit Conſeil, gardées & obſeruées ſelon leur forme & teneur. Aux charges que leſdits Procureurs & Aduocats, Subſti-tuds du Procureur general du Roy ne pourront rien prendre des parties à pei-ne de concuſſion, que les inſinuations ſe feront an Greffe de chacun Dioceze, ſuiuant les Arreſts dudit Conſeil, Que les Collations & viſa des Eueſques, Iu-gements des Officiaux & Chambres Ec-cleſiaſtiques ſubieẝs à execution ſeront ſcellez du ſcel du Roy, outre celuy des Archeueſques, Eueſques, & autres Col-lateurs: Et deffences aux Sergens de les mettre à execution ſans ledit ſcel, à pei-ne de ſuſpention de leurs charges, dom-mages & intereſts. Enioint ledit Conſeil auſdites parties de faire mettre ledit ſéel-lé dans quinzaine apres la datte deſdits aẝes: Et aux Secretaires & Greffiers des Archeueſques, Eueſques, & autres Col-lateurs d'aduertir leſdites parties de faire mettre ledit ſcellé, & en faire mention au pied des aẝes qu'ils expedieront, à peine contre les parties qui n'auront fait ſceller de dix liures pour chacun aẝe en-

uers ledit garde-scel : Et ausdits Secretaires & Greffiers à peine de tous des-
pens, dommages & interests. Ordonne
ledit Conseil que ledit Conseiller garde
scel aura pour chacun acte qu'il seellera
dix sols seulement, sans preiudice des
oppositions desdits Agents du Clergé,
pour lesquelles ils se pouruoiront par deuers le Roy. Le present Arrest a esté mis
au Greffe dudit Conseil , monstré au
Procureur general du Roy. Et prononcé
cé à Paris le 27. iour d'Aoust mil six cens
trente-neuf.

Signé, COLLIER.

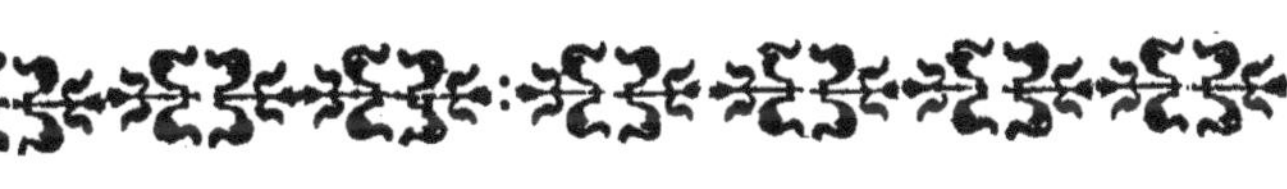

IVSSION.

OVIS par la grace de Dieu,
Roy de France & de Nauar-
re; A nos amez & feaux Conseillers les gens tenant nostre
grand Conseil: Salut. Nous auons fait
veoir en nostre Conseil nostre Edict du
mois de May dernier, Portant qu'il sera

mis & eſtably conformement aux Ordonnances des Rois nos Predeceſſeurs
en toutes les Officialitez & Iuriſdiction s
Eccleſiaſtiques de ce Royaume des Aduocats & Procureurs pour nous, pour tenir la main à l'execution deſdites Ordonnances, & que les Edicts faits ſur l'e-
ſtabliſſement des Greffes des inſinuations des Actes & expeditions Eccleſiaſtiques des années 1553. & 1595. ſeront
executez ſelon leur forme & teneur: Et
en ce faiſant que toutes lettres de Tonſure, Preſtriſe & autres Ordres, Actes
Collations, prouiſions & expeditions
beneficialles, & autres generallement
quelconques, deſpendans de la Iuriſdiction Spirituelle de l'Egliſe, qui ſont expediées par les Secretaires, Greffiers, &
autres Officiers des Archeueſques, Eueſques, Prelats, & autres perſonnes qui ont
droit de collation & de prouiſion ſans
aucune excepter, ſeront inſinuées & enregiſtrées auſdits Greffes des inſinuations Eccleſiaſtiques en la forme preſ-
cripte par leſdits Edicts, & que pour retrancher à l'aduenir les abus & falcifications

tions qui se peuuent commettre esdits
actes, il sera estably en tiltre d'office formé & hereditaire en chacune Ville &
lieu capital des Diocezes de ce Royaume vn nostre Conseiller garde séel desdits actes & expeditions Ecclesiastiques,
par lequel toutes lesdites expeditions &
autres matieres generallement quelconques, despendans de la Iurisdiction spirituelle de l'Eglise, qui seront deliurées
par les Secretaires, Greffiers, & autres
Officiers desdits Archeuesques, Euesques & autres Collateurs, sans aucunes
excepter seront d'oresnauant contre-
scellées du petit séel de nos armes dans
la huictaine, apres qu'elles auront esté
enregistrées par ledit Greffier desdites
insinuations Ecclesiastiques : Et à cette
fin que lesdits Secretaires, Greffiers, &
autres Officiers desdits Archeuesques,
Euesques, & autres personnes ayans
droit de prouision, collation & presen-
tation ausdits benefices seront tenus de
mettre par tous lesdits actes, lettres, &
expeditions qu'ils deliureront, que ce
sera à la charge de ladite insinuation, en-

D

regiſtrement & contreſéel à peine d[e]
nullité d'icelles, declarant à faute de c[e]
faire tous leſdits actes & expedition[s]
nulles, de nul effet & valeur; Auec def[-]
fences aux parties de s'en ayder, & à no[s]
Iuges d'y auoir eſgard, à peine de nullit[é]
de leurs Iugemens : Et qu'à l'aduenir[r]
tous les Iugemens & Sentences qui ſe[-]
ront données és Officialitez & Cham[-]
bres Eccleſiaſtiques ſeront auſſi contre[-]
ſcellées par ledit garde ſéel, à peine auſſ[i]
de nullité, & ſans qu'elles puiſſent eſtr[e]
executées qu'apres l'appoſition dudi[t]
petit ſéel, auec attribution de tels & ſem[-]
blables droicts que ceux qui ſe payent[t]
auſdits Secretaires, Greffiers, & autre[s]
Officiers deſdits Archeueſques, Eueſ[-]
ques, & autres ſuſdits ayans droict d[e]
collation & de prouiſion. Comme auſſ[i]
nous aurions fait voir en noſtredit Con[-]
ſeil voſtre Arreſt du 27. Aouſt. dernier,
portant que voſtredit Edict ſera regiſtr[é]
en voſtre Greffe pour auoir lieu, & eſtr[e]
executé aux charges qui enſuiuent; A[-]
ſçauoir que noſdits Aduocats & Procu[-]
reurs pour nous eſdites Officialitez ne

pourront rien prendre des parties à peine de concuſſion , que leſdites inſinuations ſe feront au Greffe de chacun Dioceze , ſuiuant quelques Arreſts par vous
rendus; Que les collations & viſa des
Eueſques , Iugemens des Officiaux &
Chambre Eccleſiaſtiques ſuiets à execution feront ſcellez de noſtre ſéel outre
celuy des Archeueſques , Eueſques, &
autres Collateurs, & detfences aux Sergens de les mettre à execution ſans ledit
ſéel, à peine de ſuſpention de leurs charges, deſpens, dommages & intereſts : Et
que noſtredit ſéel ſera ſeulement appoſé
dans quinzaine apres la datte deſdits
actes; Auec inionction auſdits Secretaires & Greffiers deſdits Archeueſques,
Eueſques & autres Collateurs, d'aduertir les parties de faire mettre ledit ſéel, &
en faire mention au pied des actes qu'ils
expediront, à peine contre les parties
qui n'aurōt fait ſéeller de dix liures pour
chacun acte enuers ledit garde ſéel , &
leſdits Secretaires & Greffiers de tous
deſpens, dommages & intereſts, & que
ledit garde ſéel aura pour chacun acte

qu'il féellera dix fols feulement, & fans preiudice des oppofitions des Agens du Clergé, pour lefquelles ils fe pouruoiront par deuers Nous. Et d'autant que ces modiffications font contraires à noftre intention, & que fi elles auoient lieu nous ferions priuez du fecours que nous attendons de l'execution dudit Edict, les deniers duquel nous auons affectez aux defpences tres-expreffes de la guerre, qui ne peuuent receuoir de retardement. A CES CAVSES, de l'aduis de noftre Confeil, de noftre plaine puiffance & authorité Royalle, Nous vous mandons & tres-expreffément enioignons par ces prefentes fignées de noftre main, qui vous feruiront de premiere & finalle Iuffion, & tout autre plus exprés & abfolu commandement que vous fçauriez fur ce attendre de Nous, que tous affaires ceffans & poftpofez, Vous ayez à proceder à l'enregiftrement pur & fimple de noftredit Edict, pour eftre executé de point en point felon fa forme & teneur, Nonobftant voftre Arreft du 27. Aouft dernier, les modiffications y con-

tenuës que ne voulons auoir lieu, & toutes autres chofes à ce contraires, Auf-
quelles pour ce regard nous auons defrogé & defrogeons par ces prefentes:
Enioignons à noftre Procureur General
en noftredit grand Confeil de faire toutes les pourfuittes & réquifitions pour ce
neceffaires: Et nous tenir inceffamment
aduertis en noftre Confeil de la diligen-
ce qui aura efté apportée audit enregiftrement. C A R tel eft noftre plaifir.
Donné à Langres le trentiefme iour
d'Aouft, l'an de grace mil fix cens trente-neuf. Et de noftre regne le trentiefme. Signé, LOVIS. Et plus bas, Par le
Roy, D E LOMENIE. Et fcellé du grand
fceau de cire iaune. Et à cofté,

*Enregiftré és Regiftres du grand
Confeil du Roy fuiuant l'Arreft donné en iceluy, à Paris le 15. Septembre
mil fix cens trente-neuf.*
                Signé, COLLIER.

Extraict des Registres du grand Conseil du Roy.

VEV par le Conseil les Lettres de Iussion du 30. Aoust mil six cens trente - neuf. Par lesquelles les modiffications appolées en l'Arrest dudit Conseil du vingt septiesme desdits mois & an à la veriffication de l'Edict de creation des Substituds du Procureur general du Roy aux Officialitez & restablissement du droict des Insinuations, erection dudit garde-séel ausdits Diocezes pour séeller toutes les prouisions & autres expeditions de Iustice, à peine de nullité auroient esté leuées, & mandé au Conseil de proceder purement & simplement à la veriffication desdites Lettres d'Edict. Lesdites Lettres du mois de May six cens trente-neuf. Ledit Arrest du Conseil du vingt-septiesme Aoust. Conclusions du Procureur general du Roy. LE CONSEIL ayant esgard

ausdites Lettres de Iussion. A ordonné
& ordonne que lesdites Lettres d Edict
seront enregistrées selon leur forme &
teneur, & que les actes mentionnez es-
dites Lettres seront sceellez , sans que
pour le deffaut dudit séel ils puissent
estre tenus pour nuls, ains seront les cons
treuenans à faute d'auoir fait sceeller lesdits actes dans huictaine condamnez en
vingt liures de dommages & interests
pour chacun enuers ledit garde séel , laquelle somme ne pourra estre moderée:
Et outre seront condamnez en plus
grande peine s'il y eschet. Le present
Arrest a esté mis au Greffe dudit Conseil, monstré au Procureur general du
Roy. Et prononcé à Paris le quinziesme
iour de Septembre mil six cens trente-
neuf.   Signé, COLLIER.

IVSSION.

LOVIS par la grace de Dieu, Roy de France & de Nauarre; A nos amez & feaux Conseillers les gens tenant nostre grand Conseil: Salut. Ayans par nostre Edict du mois de May dernier creé des Substituds de nostre Procureur general aux Officialitez, & des garde séels aux Diocezes pour séeller toutes les prouisions, actes & expeditions de Iustice, à peine de nullité d'icelles, auec restablissement du droict des Insinuations, Vous auriez par vostre Arrest du vingt-septiesme Aoust ensuiuant apporté tant de modifications à l'enregistrement d'iceluy, que si elles eussent eu lieu elles nous priueroiēt du secours que nous attendós de l'execution de nostredit Edict. C'est pourquoy nous vous aurions le trentiesme dudit mois fait expedier nostre Iussion pour proceder audit enregistrement

ment pur & simple, laquelle vous ayant
esté presentée vous ne lauez neantmoins
fait que pour partie, & non pour le tout.
En ce que vostre Arrest du quinziesme
du present mois interuenu sur ladite Iussion & enregistrement dudit Edict porte
que les actes y mentionnez seont séellez, sans que pour le deffaut dudit séel ils
puissent estre tenus pour nuls, ains se-
roient les contreuenans à faute d'auoir
fait séeller lesdits actes dans huictaine,
condamnez en vingt liures de dommages & interests pour chacun enuers ledit
garde séel, & que ladite somme ne pourroit estre moderée, ains condamnez en
plus grande peine s'il y escheoit. Et parce
que vostredit Arrest est encore contrai-
re pour ce regard à nostre intention, qui
est que les actes qui ne seront séellez
soient nuls, tout ainsi que ceux qui ne
seront insinuez, & que cette modiffica-
tion pourroit beaucoup d'iminuer le
fonds des deniers qui doiuent prouenir
de l'execution dudit Edict destiné pour
la guerre; A ces causes apres auoir fait
voir en nostredit Conseil nostredit Edit,

E

Iuſſion, & vos Arreſts, meſmes celuy
du quinzieſme du preſent mois, cy atta-
ché ſoubs le contreſéel de noſtre Chan-
cellerie: De l'aduis de noſtredit Conſeil,
& de noſtre plaine puiſſance & authorité
Royalle. Nous vous mandons & ordonnons que tous autres affaires ceſſans &
poſtpoſez vous ayez à proceder à l'enregiſtrement pur & ſimple de noſtredit
Ediĉt, ſans attendre de nous autre Iuſſion, ny plus exprés commandement
que ces preſentes, nonobſtant voſtredit
Arreſt du quinzieſme du preſent mois,
& cauſes motiues d'iceluy que ne voulons auoir lieu, & toutes autres choſes à
ce contraires, auſquelles & aux derogatoires des derogatoires y contenuës,
Nous auons expreſſément derogé & de-
rogeons par ceſdites preſentes. Et enioignons à noſtre Procureur general de tenir la main audit enregiſtrement, & nous
rendre raiſon inceſſamment des diligen-
ces qu'il y aura faites. Car tel eſt noſtre
plaiſir. Donné à Vimy le 18. iour de Septembre, l'an de grace mil ſix cens trente-
neuf. Et de noſtre regne le trentieſme,

Signé, LOVIS. Et plus bas, Par le Roy, DE LOMENIE. Et scellé du grand sceau de cire iaune. Et à cofté,

Enregiftré és Regiftres du grand Confeil du Roy fuiuant l'Arreft donné en iceluy, à Paris le 28. Septembre mil fix cens trente-neuf.

    Signé, COLLIER.

Extraict des Regiftres du grand Confeil du Roy.

VEV par le Confeil les Lettres de Iuſſion du dix-huiĉtiefme Septembre fix cens trente-neuf, par lefquelles les modifficacions appofées és Arrefts dudit Confeil des vingt-feptiefme Aouft, & 15. Septembre audit an, auroient efté leuës, & ordonné qu'il feroit procedé purement & fimplement à l'enregiftrement des Lettres d'Ediĉt du mois de May audit an, porcant creation & ereĉtion des Offices

d'Aduocat & Subſtitud du Procureur
general du Roy aux Officialitez, reſta-
bliſſement du droiɛt des Inſinuations &
ereɛtion d'vn Office de garde ſéel auſdits Diocezes, pour ſéeller toutes les
prouiſions & autres expeditions ſpiri-
tuelles & de Iuſtice, à peine de nullité de
tous les aɛtes qui n'auront eſté ſéellez.
Leſdites Lettres d'Ediɛt, Ledit Arreſt
du vingt-huiɛtieſme Aouſt ſix cens trente-neuf. Lettres de Iuſſion ſur ledit Arreſt du trentieſme Aouſt audit an. Ledit
Arreſt du quinzieſme Septembre. Con-
cluſions du Procureur general du Roy.
LE CONSEIL a ordonné & ordon-
ne que leſdites Lettres d'Ediɛt ſeront enregiſtrées és regiſtres dudit Conſeil, gardées & obſeruées ſelon leur forme & teneur, ſans que les aɛtes concernans les
Sacrements de l'Egliſe & adminiſtra-
tion d'iceux puiſſent eſtre reputez nuls à
faute d'auoir eſté ſéellez du ſéel du Roy,
ains ſeront les contreuenans condamnez pour chacun aɛte en cinquante liures au profit dudit garde-ſéel. Et à cette fin enioinɛt aux Secretaires des Ar-

cheuefchez & Euefchez de donner audit garde-féel Royal memoire des expeditions qu'ils feront. Le prefent Arreft a efté mis au Greffe dudit Confeil. Monftré au Procureur general du Roy. Et prononcé à Paris le 28. iour de Septembre 1639. Signé, COLLIER.

Collationné aux originaux par moy Confeiller Secretaire du Roy, & de fes Finances.